AF585829

ALLOCUTION

PRONONCÉE PAR

Sa Grandeur Mgr Dominique CASTELLAN

ÉVÊQUE DE DIGNE

DANS LA

CHAPELLE DU CHATEAU D'ALLEMAGNE

A L'OCCASION DU MARIAGE

DU MARQUIS DE RIPERT-MONCLAR

ET DE

MADAME DE RIPERT-BARRET

VEUVE DE M. ERNEST QUARRÉ DE VERNEUIL

Le 29 février 1908

DIGNE
ÉDOUARD CHASPOUL
Imprimeur de l'Evêché

1908

MADAME,

MONSIEUR LE MARQUIS,

CHERS DIOCÉSAINS ET AMIS,

Le mariage est un contrat sacré entre tous. Il n'en est pas qui oblige d'une manière aussi intime et aussi indissoluble. Ce ne sont pas seulement les intérêts ou quelques conditions extérieures qui s'y trouvent engagés, c'est le cœur, l'âme, la vie tout entière qui se donnent; et ce, non pas pour un temps, mais pour toujours.

Ce contrat va jusqu'au fond de l'être, ne laissant rien sans le faire entrer dans la communauté, et il va jusqu'au terme de l'existence, ne permettant de le briser en aucune circonstance, jusqu'à la fin.

Aussi, pour le rendre praticable, faut-il faire appel à ce que la nature a de plus noble et à ce que la grâce a de plus puissant. Je suis heureux de rencontrer ici ces deux conditions, destinées à assurer au mariage sa plus haute perfection et sa plus paisible durée : la noblesse naturelle et la foi chrétienne.

Ce n'est pas un vain titre que la noblesse de race. Il serait sans doute trop absolu de prendre au pied de la lettre le proverbe que bon sang ne peut mentir, mais il est incontestable que noblesse oblige. La noblesse du sang entraîne ordinairement celle des sentiments.

Pas n'est besoin d'en appeler à ces documents que votre érudition a mis au jour, Monsieur le Marquis, pour reconstituer l'histoire des familles féodales d'une partie de notre région. Il vous sera plus doux de réveiller tous deux les souvenirs de votre enfance et de votre jeunesse, de regarder dans votre passé ces figures de vieillards disparus, vos aïeux, vos pères et vos mères bien-aimés, pour constater qu'il existe aux foyers des anciennes familles des traditions d'honneur, de vaillance, de générosité, qui se transmettent d'elles-mêmes avec le nom.

De longues habitudes de loyauté et de vertu forment une atmosphère familiale qui imprègne fortement l'âme des enfants. Ces précieuses impressions peuvent sommeiller un temps, mais elles revivent un jour ou l'autre avec un charme, une douceur et une puissance indicibles.

Aussi la noblesse de race est-elle plus susceptible de comprendre les importantes lois qui président au mariage et d'en remplir les graves et constantes obligations avec une sûreté de conscience bien formée et une délicatesse native de sentiments. Ce sont des principes héréditaires qui lui dictent spontanément ce qui doit assurer la paix et la dignité du foyer et ce qui doit garantir la fidélité et la durée de l'affection.

On peut à plus forte raison compter sur ces avantages quand à la noblesse de la naissance s'ajoutent des mérites personnels, des services rendus au pays, qui rappellent les origines mêmes des distinctions et des titres dont furent récompensés les aïeux.

Vous avez servi la France, Monsieur le Ministre plénipotentiaire, dans des négociations où étaient intéressés son commerce, sa réputation, la vie de ses enfants ; vous avez été le protecteur et le guide de ses nationaux dans des pays lointains.

Vous avez eu le grand honneur de représenter notre patrie. Et ce n'est pas un petit mérite d'avoir reproduit dignement aux regards des étrangers son caractère de franchise et de bravoure et d'avoir travaillé à sa mission de civilisatrice et de justicière des peuples.

Quelle noblesse ! Quand on disait : France, c'est vous qui répondiez : Présent. Ne suffisait-il pas de ce seul passé pour proclamer hautement l'élévation et la délicatesse de vos idées et de vos sentiments sur toutes choses et, en particulier, sur celles du mariage et de la famille.

Après de lointains voyages et de longues absences, quand, fidèle au sentiment familial, vous revenez au milieu de nos chères montagnes, patrie de vos aïeux, vous avez droit non seulement à la considération et à la reconnaissance de vos concitoyens, mais aussi au calme et à la douceur du foyer, aux attentions affectueuses, au dévouement qu'on trouve dans le mariage. La voix du cœur, comme celle du Créateur, proclame pour vous « *qu'il n'est pas bon à l'homme de rester seul* (1) ».

Quel vide et quel froid dans les vastes salles de ce château, si l'amitié d'abord et si un sentiment plus doux ensuite n'étaient venus en tempérer, en charmer la solitude. C'est encore l'Esprit de Dieu qui a dicté cette parole : « *Ubi non est mulier ingemiscit egens* (2), » l'homme est par trop malheureux,

(1) *Gen.*, I, 18.
(2) *Eccli.*, 36, 27.

quand la main d'une femme n'adoucit pas ses indigences.

La femme dans les bonnes et vieilles familles françaises a des traditions d'oubli de soi et de dévouement qui répondent, dans une sphère plus intime, aux brillants exploits et aux nobles services des hommes au dehors. Parer la demeure de dignité et la ouater de tendresse, c'est son lot et son secret; elle se plaît à bercer les faiblesses, à soigner les blessures, à consoler les regrets, à adoucir les amertumes ; sa parole et son sourire font le charme de la maison et ne laissent rien à rechercher au delà.

Faut-il dire que dans ce noble castel se retrouvent en ce point toutes les traditions d'autrefois ? Les idées nouvelles n'y sont point venues changer les mœurs, non plus que le temps ni les révolutions n'ont enlevé leur cachet archaïque et gracieux à ses croisées, à ses tourelles et à ses poivrières. Et la châtelaine qui en fait les honneurs reproduit toutes les qualités et les vertus de la vaillante française et de la pieuse chrétienne qui en fut l'illustration (1). Quelle assurance de bonheur pour l'avenir !

Mais il y a, pour inspirer, au sujet du mariage, des idées justes et saintes, mieux encore que la garantie des traditions nobiliaires : la foi chrétienne.

---

(1) Marthe d'Oraison, femme d'Alexandre du Mas, baron d'Allemagne, fondatrice des Capucines de Marseille, morte en odeur de sainteté le 30 mai 1627. Sa vie a été publiée dès 1632 sous ce titre : *L'amour de la pauvreté décrite en la vie et en la mort de haute et puissante dame Marthe d'Oraison, baronne d'Allemagne*, par Mre Pierre Bonnet, docteur en théologie, et successivement, au cours du XVIIe siècle, par le Père Marc de Bauduen, le Père Hilarion Coste, le curé Paul Bois, etc. De nos jours également, plusieurs auteurs l'ont rappelée par de savants travaux, notamment MM. les chanoines Cruvellier et Andrieu dans leur *Histoire hagiologique du diocèse de Digne*, et Mlle Marie Tay.

Aux XVIe et XVIIe siècles, la famille des possesseurs actuels du château était apparentée aux du Mas, et c'est même à cette circonstance que Jean du Mas, cadet d'une famille berrichonne n'ayant encore aucun rapport avec la Provence, dut son union avec la riche héritière des Castellane d'Allemagne. Ce mariage fut, en effet, amené par sa cousine germaine Blanche de Lévis, fille du comte de Ventadour et de Jacqueline du Mas, et femme de Louis Artaud de Montauban, dit d'Agoult du chef de sa mère, baron de Sault et de Saint-André en Beauchesne. D'autre part, à la même époque, la proche parenté des Ripert avec les Glandeves les rattachait intimement aux deux époux, Alexandre du Mas et Marthe d'Oraison. (M.)

Comme aux yeux de la foi tout s'élève, tout grandit, tout se divinise ! Quelle sublime notion la doctrine chrétienne nous donne de l'union des époux, de son but, de ses lois, des vertus qu'elle demande et des douceurs qu'elle promet.

C'est Dieu lui-même qui l'a établie dès l'origine du monde, en donnant une compagne à notre premier père. Et il l'a voulue, dès le commencement, une, sainte et indissoluble : « *La femme laissera son père et sa mère pour s'attacher à son mari. Ils seront deux dans une même chair* (1). *Ce que Dieu a uni, l'homme ne peut le séparer* (2). »

Hélas ! l'humanité, ayant corrompu ses voies, n'a pas su maintenir cette institution dans sa perfection primitive. Elle a été déshonorée par les dissolutions des païens ; elle a été amoindrie par les infidélités du peuple de Dieu lui-même. Mais Jésus-Christ l'a rétablie dans sa sainteté initiale ; non

---

(1) *Gen.*, 2, 24.
(2) *Mat.*, 19, 6.

seulement il déclare cette union une et indissoluble, comme elle l'était dès l'abord, mais il donne son sang pour en faire un sacrement de son Eglise, pour enrichir les époux de ses grâces et pour leur faciliter la réalisation du mariage idéal.

Ce n'est pas une des moindres marques de la divinité du Sauveur d'avoir imprimé au mariage un si haut et si noble caractère de sainteté. Ce n'est pas une des moins fortes preuves de la mission surnaturelle de l'Eglise d'avoir maintenu le mariage en ce sublime état de perfection. Quelle énergie elle a déployée pour en défendre l'unité et l'indissolubilité ! Elle y a mis le sang de ses martyrs et la courageuse obstination de ses pontifes. Et seule, entre toutes les religions, elle n'a fléchi sur ce point ni devant les instances des princes et des rois, ni devant les menaces et les défections des peuples. Elle a conservé à travers les siècles le mariage dans sa sainteté reconquise par le Christ.

Le Christ et l'Eglise, voilà le parfait modèle des époux dans l'union et dans le dévouement qu'ils se doivent l'un à l'autre. C'est ce que proclame saint Paul quand il s'écrie : « *Ce sacrement est grand, je le dis en vérité, dans le Christ et dans l'Eglise* (1). » Voulez-vous connaître quelle sera l'étendue de vos devoirs, de vos sacrifices réciproques ? Regardez-les se donnant tout entiers l'un à l'autre, le Christ mourant sur la croix pour que l'Eglise resplendisse de la pourpre de son sang, qu'elle soit belle, éclatante, immaculée. Voyez l'Eglise ne cessant de travailler et de lutter pour la gloire de son divin Epoux, ne comptant aucune peine pour le faire connaître, aimer et régner dans l'univers.

Voulez-vous savoir quelle douceur d'affection, quelle longanimité et quelle patience le mariage demande à ceux qu'il unit ? Considérez Jésus demeurant au tabernacle pour faire la force et la joie de son Epouse, dans la longueur des jours et la solitude des nuits, et l'Eglise l'entourant de soins, de respect et d'amour, appelant ses enfants à chanter les

---

(1) *Eph.*, 5, 32.

louanges de l'Epoux, à former sa cour et à s'assimiler à lui par la plus douce des unions familiales.

Ces mystiques leçons de la doctrine chrétienne, vous avez le bonheur de les comprendre, de les goûter et de les mettre en pratique. Ce matin, le pieux pasteur de cette paroisse se faisait une joie de vous nourrir du pain céleste et de renouveler ainsi entre vous un lien sacré, garantie de celui que nous allons consacrer canoniquement.

Quelle scène admirable se déroule en ce moment aux regards de la foi! Ce que nous voyons, ce n'est pas seulement une étroite chapelle, sainte par ses souvenirs et où tous les cœurs semblent plus rapprochés. Le ciel lui-même s'entr'ouvre ; la Trinité Sainte se penche ; les anges accourent pour être témoins de vos serments. Car le Fils de Dieu va descendre sur cet autel ; il va offrir son sang pour sceller et bénir votre union.

Heureux de vous donner la bénédiction nuptiale, je me sens ému de tous les sentiments qui agitent le cœur de vos amis et de

www.ingramcontent.com/pod-product-compliance
Lightning Source LLC
LaVergne TN
LVHW012022170826
845678LV00004BA/1604

* 9 7 8 2 3 2 9 6 3 2 8 1 0 *